Leásungspell

Bob Beagrie

STACK
BOOKS

Smokestack Books
1 Lake Terrace, Grewelthorpe, Ripon HG4 3BU
e-mail: info@smokestack-books.co.uk
www.smokestack-books.co.uk

ISBN 978-0-9931490-5-4

Smokestack Books is
represented by Inpress Ltd

Leásungspell

Contents

'*nu scylun hergan   hefaenricaes uard*
metudæs maecti   end his modgidanc
uerc uuldurfadur   swe he uundra gihwaes
eci dryctin   or astelidæ
he aerist scop   aelda barnum
heben til hrofe   haleg scepen.
tha middungeard   moncynnæs uard
eci dryctin   æfter tiadæ
firum foldu   frea allmectig'

Caedmon

'*Cunning and art he did not lack*
But aye her whistle would fetch him back'

Robert Graves

Prologue: Hallowed Ground

A walk with Andy Willoughby to Anish Kapoor's Temenos

We are two grown-up-lost-boys gone awandering over the border
To mooch about the claggy bones of this town's birth and boom
Trudging the cold, bleak wasteland of post-industrial disorder,
Under weatherworn stone faces staring stoically as from a tomb.
Industry's bustle has ebbed to a trickle of warehouses, scrap yard
Desolate wharfs, gantries, rotting remains of the first coal staithes.
'There was once a hundred pubs over here', you say by a bollard,
'One on every street corner. Now, we are surrounded by wraiths';
The Captain Cook, The Glass Barrel, The Lord Byron, The Ship –
(The town's oldest pub where sea captains sat in the cabin out back
handing sailors their pay packets). Though there's not one drip
From a working pump today. We stand outside and read the plaque,
Peer through the dusty windows, overhear an echo, 'What's yours?'
Piles of coal hemmed in by sleepers stacked in khaki uniforms
(dreaming of Carboniferous forests). No one lives here anymore.
Vulcan Street, past the ground chosen by Bolkow and Vaughan
For the first iron works and their salt well, Middlesbrough pottery;
We ask how many corpses have washed up on these tidal banks
And reach the spirit cage, worm hole, a piece of divine jewellery,
Its lines shifting in and out within an impossible spatial dance
Through internal and external folds of time, of air and of light.
I'm swamped by the impression that it has always been there,
Pre-dating these empty docks, the railway lines and the site
Of the farmstead before the sprawl, even the muttered prayer
Of Hilda's monk crossing the Tees to Streonshalh, and the hills
It holds in its lens; as if the negative space of its organic form –
(An airborne specimen of phytoplankton) applied its patient will
To be caught in the net, pegged into being by a crown of thorns,
Staking out a sacred space where gods, ghosts and monsters dwell.

I

'*For the gate is narrow*
and the way is hard that leads to life,
and those who find it are few.'

Matthew 7:13-14

Huisht, lads, haad ya gobs
the lǽgens namd this Dunum Sinus
þouh this fæyer dai þær beo sliht segn
o' thor mihtig stone burg wið the byh scimerian
gelic a sylfur scutel, blinden the eye
as God's awn leoht, te scéaw me the gan
fram the Horne o' Heortness stician streahtan
te the wafe-swell lic a beald hope fore firmnesse.

'þouh in triewð I féle alýhtnys
te be ootsyde its friþgeard; an' the festeran
stenc o' mislice spellion wiðin
the flocc o' God's giefan scipo.

Mi ærende beo hard 'þouh naðinc ofermicel,
fram sculdor te lyfted fingors in faerness,
but thri dais trec at most, 'þouh frécendlic –
la so ficol, fyl o' hydden pliht,
beset wið démon an' hæðen.

For 'þouh Cyning Oswui fylgaþ the triewe fað,
hæfd oferdrifen the pagans undra Penda The Dragon
this wild land is stil scoured bie tidy wargangs
clingan te the auld, deorc trod
lic tics te a rottan sceap; Angles,
hwo wrangle wið the Loffe o' the Christ,
The Word o' God, an' mud-howlds o' inboren,
here afore the gigants an' thor wealles,
weorðscippan thor awn uncuð gods –
healf beast, healf mann
te hwylc sum hæf hamcyme
in the Christ's lang missan.

i crosed the Slake æfore Uhtsang.
æfore the fyrst lairc tuc te lyft.
æfore mi slæp hladan breðren
scuc æf the drófan scinns o' dríemes.

Ænlic the Gōd Eorl abuf bore witnys
an' a feawe wrecced ceorls rummagen
amang the mynster's wearme waste pytts.

Land an' watters seoþe wið ealle ghost folc:
elfs, hobs, orcs, wælers, wyll-o-the-hwisps
hwo wolde luer me, wicced, fram the paþ
inti sum bottmless letch
te sweloh me hyel wiðoot a rack.

i rubb the ceorfan wudun rood hangian
on a strap aboot mi hnecc, hwispra a prayer
to God's Bearn in Heofon that he
wyll loc on me an' heald me hale.

The íegstréam's gob beo clæþd in driften hase,
sæ-freet, wendan scawers, scíetan hydung
trails an' sciftan sand balcs, 'þouh
'twixt 'em i spie hylls yonside,
æfore the hrycg o' miststrung morlond,
hwylc i nied cros ær i ræch Streonshalh.

Hu beit, i hæfd geared mesen wel for this ærende-
it beo a gréate weorþ te beo bearan the writ
o' wor Mistress Hild; Holy Wif, so we mæg spræd
The Will of Almightig God ealle o'er þese ieglands
fling hagwyrms fram þose clifs looman o'er the wafe-hus,
bringan His tídung o' frið an' blis te the woruld.

An' i hæfd scoured this flæsc æfore mine gannen,
giefan mesen o'er fyllie te the Loffe o' wor Hælend
so that He mæg scoor mi synnes o' eorðbund angra,
lust an' gylt; an' tred wið me thruh the Wildeoren.

Mi gan beo wearded bie the prayers an' bletsunge
o' Hild of Heretua hirsen, that ælc fotstepe
be sundfyll, mi eyes an' æhers cene an' triewe.

Croswinds beatan hréods an' lang græsses,
chyrn watters o' þese burns an' sealtwæls
hwær i startel a stilt-bridd wadan in schalowes
hefod dippen an' suppen its fede thruh
the scimmer of itsylf, but hwylc fluttors
te lyft in a flurrie o' nihtsceadowe an' slete,
its beorht blæd o' a nebb piercen the stilnesse
wið pipedríemes as it glides te the farre strand,
settels itsylf, sprædan wid its wings in a warnung
an' glærs at me as if i be the Dēofol himsylf.

i moste fylge þese wendan tracs upstréam
te hwær the boatmann wahts te tac me ofer
te the suðerne strand, te Cynedom o' Derenrice;
þær beginnan me trod thruh wudu,
te the auld ac gráf wið thor Herned hefods
an' holhow heorts hwær a Glōm-Smittan mann
miht wæde thru fearn froð, stúpe wiðin te stand
amang the creopan wrinclods o' Grene-tyme;
the auld ác deað in his breost-hord
þouh lifan-wel wiðoot, an' þu wiðin,
hwæsan, suppan déaw, greowan
an' rottung: stedefæst in forgytelnes.

I'll næ beo laggan lang þær, but clymmen up
te East Nab, hwær synne-fyrs bremme at Beltane,
Hlafimæse, at Samhain – La, Eorl Abuf,
i hæfd beheold þose farre byrnings at niht
fram the mynster windor an' hwænne
on't wind, i heorcn thor wild hylsung
an' horns i crosed mesen te weard æf thor yfel.

The glowaren hungrig hyllfyrs brort bæc the byrnings
i seo æfter the lang fierding inti Rheged hwenne i wæs
grene-eyed an' bare hléoran, in Heah Cyning Oswui's
fyrd, feohtan wið The Sons of Owein, hwær
i toc the life of anoðer mann an' seo his spiritus
fleon his bone-hus, stæling sum þing of mi awn
sāwl wið it, hwær Ælffin ap Owain wæs hacced
te deað, his thegns dræged inti thralldom; hwær
the slahtr an' war-fyrs spildan thruh rain-drencced
dælls for dais entil Oswui wæs wislic he hæfd
smorthred ænig smolderan hope for Hen Ogled
wiðin þose wræcmæcgs hwo hæfd áspédaþ.

The Cyning geaf his sige-sprec atop his hengest,
scaran his dríeme of a cynedom o' broðorscipe
undra the gærding hand o' Norðanhymbria.
In memorie of Oswald Lamnguin
we raised Þunor, rattlelan swords gainst scields
scæccan wor spere hefods at the peacs.

But on mi ham-cyman i fund that i wæs
nae the mann hwo hæfd gan, mi nerfs reaw,
mi slæp fylled wið the cwellan i hæfd seon;
the felds an' braes fyl o' blodig manscrag
læft for cráwes' beacs an' wulfs' maws.

Adríeme on't sands o' wendan watterwegs
græ seolhs sunne-bathe, idel, gelic tide-smeðian roccs,
an' hu thie honc, hu thie beorc te æn anoðer,
wisccars abristel, coal eyes átrendle hwenne æfer thie
finde mi passen, an' i wundor hwæt dríemes floe
ynneside thor flod-dog sculls. Sum sæy sum seolhs
are nae triewe seolhs at ealle but schyftars hwo hæfd clæþd
'emsylfes in fur, cheosan te dwell healf thor lifes
as déor that dyf thruh ísceald bryne an' iegstréam watters,
gnagan reaw fisc an' hlæhh at gods an' mancynn;
þouh þese be but léasspell for gorks an' bearns.

Raðer, i recon thie wær ænes beons wið sāwls
hwo befeall sum gréate bane or bliht o' hearm
an' syððan lifian wiðin The Glōm for so lang
wiðoot sumyan te stier 'em fram that trod,
hwo hæf forgietan thor lincs te mancynn
an' choose a life apart in the sealt sæ-tides,
on't blæc ecges o' the woruld's teahor ducts.

The mann i sloh in Rheged hæfd oft huntede mi breost-hord
for alþouh we boþ feaht bealdlic wið spere an' scield
for wiðercynings he wæs nae mi triewe foemann. i ken nae
his name, nawþer wyrre-cræft macod me sigoriend
an' him woruld-deað, but raðer luc, God oþþe wyrd;
an' slippian te soden grund wið a blodie gasc mi spere
hæfd oppened in his cræg i seo mesen thruh his deað-mist,
feolt a wearme wyllspring o' mynd-floe o' heah,
ruggig beorgas, steap wudu an' scieldtrum dælls
spillan inti his inborn eorð, an' ænlic þænne de i see hu
we ealle, as blostm o' eorð, berst oþþe rot te gan ham.

So that thruh his deað i fund a paþ te faðfylness
for hwylc i hæfd oft gifen þancs un te him
an' prayed he beon Heofon wið the Cyning o' Cynings.

The sciets o' mist þiccen an' gobbel land an' sæ
an' ealle sunds are bundled in swaþian cláþes.
i oft stumbel in slab an' cæld hréodwatter,
an' ma þan thrice leos mi weg, hitte a deað ende
an' hæfd to bæcplod te fand anoðer paþ.
The gannen beo slaw. Hwenne i cyum up on a bulder
laian lic a wyfren's egg i clymme on it te reste
a tyme te waht for the feld o' mists te rid.

Wiðin bylowen hwiteness scuccum an' scinnum hwyrl,
meld inti a þusend scieps an' miscieps that dwindel,
þings i cannae ken; the wræcage o' sæ hengests ælc
as bigg as a burg, wiccerworc dragons strung togædere
bie hommen fiscoð twine, loomian o'er the eorð's hyd,
striccan bie sum Séocnes God's siðe, sprædde te vellum
bie grund-fæstened pinns micelness a gigant's þéoh.

Mi mynd hæfd a lang sufferen hant o' ræsan aweg
an' as a bearn i wæs o'er scaired o' deorcnysse.

II

'Life's but a walking shadow, a poor player,
that struts and frets his hour upon the stage,
and then is heard no more;
it is a tale told by an idiot,
full of sound and fury, signifying nothing.'

Shakespeare, *Macbeth*

The mynster hæfd beon a hyf o' fuss an' flurrie,
a wyllspring of triccerie an' freetfylness siððan
the Virgin Ælfleda's cuoman. Sweostor Sæthryth
sæd she beo the spit-licnes o' hir muther, hwom she
ænes seo in Bebbanburgh, but in mine eye
Ælfleda, wæ lambcyn, locced gelic an angel –
tee gegylde, a glengede lilie, for so feawe Winters.

i belyf bearns sceolde beo bearns hwile thie can.
But that dai hwenne we ealle gaddered in't prayer-hus
as Abbess Hild wilcumad hir an' hir heord inti wor flocc
i cneow the mynster wolde ne'er beo the sãm.

Oswui's eyes wær nu locced on us at ealle tymes
thruh the beran o' Ælfleda's húscarl Beorheard, wealcan
ealle aboot gelic the Virgin's twistan, grislic sceadowe.

Hild hæfd forbeodan wæpens o' war wiðin the friþgeard,
an' þrystad the gang o' armed fyrdmen abide
in't layhus behint the gæt, hengestas stælled,
the wardogs penned; but wæs bund, that dai
te wilcum Beorheard's spere an' sword, alang wið
Oswui's dohtor, wætnurse an' two prættig handþegns.

Beorheard.
Æn of Oswui's thegns.
Beorheard.
It wæs sæd he hæfd slahtred
Oswui's wegwærd son at Gilling
on the derne hæst o' the Cyning.
Beorheard.
i hæfd seon him æfore in yeors lang sped.
He hæfd læd a warband in the heregang o' Rheged;
Beorheard.
i hæfd wæcced him gydig bie the fyr o' blodscead,
cyndelic grænten his wargiests thor endgifts
bie heapian fersce déað ealle aboot.
Beorheard.
Wiðin the mynster's stilness his lang breidan hær
his beard, his scarred ceafl an' licnes te a bear,
his wulfscinn mantel an' scearpened stare wær lic
Winter's snapp at the bæcend o' a milde Blotmonað.

The fog beo a rippellan brimwyld forsacan its ebb
læfen me a castaweg on this fist o' stone,
hringed bie gréate fisc wið fængtóþes an' finns
an' wyrms that sliðer up fram the deops.
Þær is a cracc in't rocc be syde mi cneo.
Hwenne i loc neaher i fand wiðin a hnesce
webb o' spíðra weft, a sylfur scinn studdian
wið a croppe o' blæc hangen byndeles, gyms,
succed drie bie the life that wæfd this wyrd-nett
dwellan furðor in't deorc o' the cracc,
scunnen the glær o' the Woruld Candel, but
snaren wæt spearcs on ælc sticcie thræd.
Ænlic God kens hwæt sunne-scieh spíðras huncor
in the webb-holhows o' mi awn breost's hord.

i sing to mesen hwile i twine tyme up on't bulder,
fyrst hymns an' canticles i leaorned wiðin the mynster
an' æftwærds læwede, scandfyl songs mi faather sang
be syde the fyrpitt in the æfynas hwenne i wæs a bearn,
léoþ an' glíwwords passed doon fram the auldlands
behint the whales-weg, fram hwær mi forefaathers
cyæm in lang-tymes-gaed te stacce þese eiglands:
yarns o' a Wicce Cwén o' endeleas ise,
the Son o' the Brimwylm hwo sóht te woo
hir cæld heorted dorhter; hwo hæfd the eyes
o' ma þan æn mann toren fram thor soccets
for locian tee lang up on hir; an' o' the beald Son
o' Scield's feoht wið the grimm stealcor Grendel.

The seonowes o' auld tæles wær siowian in mi scull
for mi faather wæs a scop bie cræft an' his wordhléoðor
yet wends thruh the mædwes o' mist, God reste
an' forgief his hæðen sāwl, for his tunge oft ran aweg,
weafan togædere tæles o' auld gods an' wor neahgeburs,
gelic the æn aboot Renwaerd's fiercesum muther Otha;
hu she cyæm bie hir tempre an' hir scearp beorc
that ceopt ealle the bearns an' werfolc in stæd.

'Hwenne Otha wæs yeong an' fæyer
In hir blod ran a streke o' wildfyr
That læd hir te sliht the weardings
Of hir faather an' cwylming muther
Nae to wende the wudu æfter deorc.
An' þær æn moonfyll niht
The wicced mæden met Frecci-
The Rifan Æn, hwo spæred
Fram snappen hir up in a gulup
But toc a lician to hir sefte scinn -
Hwhit as ferscelic feallan snáw,
Hær o' gyldan wind-tossed corn,
Hir lips réod as a hræfn's blod,
But snæcced hir up bie the scruff
An' lugged hir æf te his leger
Yonder ise-locced beorgas
Hwær he ceopt hir as wulf-wif
Ealle thruh deorc winterfilleð.
Te stand the ise an' the frost
She greow a hyd o' þicce fur,
Te stand the gnagen hungor
She greow a gobfyl o' fængtóþes,
Te læst the dræd lonelicness
She leah wið the grimlic græ-bæc
Hwose græd for ealle beo unfyllable.
She byrðed a litter o' yelpan cubbs
An' ceopt 'em ealle wéoldon wið
Beorcan an' grollen, wið nips
Bites, wið a thwacc o' claw.
But cyum the Gréate Thaw
Frecci an' his wulfsons hæfd
Hæfd thor lott of earming Otha
An' sended hir paccen bæc
Towærd the lands of hir folc
Hwær she ne'er fyll fitt in.
Alþouh she lang gan scead
Hir hyd o' raggig fur, byscig tægl
An' hir snootfyl o' fængtóþes

She ne'er loren her dræd beorc
Oþþe scearp bite, nae the nied,
At moonfyll for a dog in hir bedd.'

But as mi faather waned it wæs naht but læwede
scamfyllness te mi sufferen wif Æmma; 'þouh
te me his yarns wær crascian tids o' a resteless sæ.

An' oft hæfd I stod up on the strand, eyes strainen te see
yond the narroew paþ hwær swegle an' brimflod mæte,
myndan the fyrst of wor Weras wið sælt-pitted brues
te sayil the cæld dræd deops, gelic Soemil an' Sigegar,
draggen thor warscips up on te þese sandes an' pebbelstans.

i wolde þync on 'em treadan fram tumbellan suffe,
wilda bearas an' sæ-wulfs, clinccan wið beorhte stíele
ælc æn nu wið Beorheard's scarred céace.

i ken i am sciferan, mi teð rattalen, an' wundor
if it be cæld fog oþþe grimm stealcors græppan me,
but in tyme the æftnoon sunne breacs thruh the scrudds
o' balced clood, tearen 'em inti tatteren an' swæppen
'em aweg gelic the deorclic nihtmaras o' cildhad.

Oot o'er the iegstréam's gob i bags eye
fif beams fram the Woruld Leoht
þurstinganaþ the toren greag cloodbalc
in slanten scæfts o' golden loccs,
niðerscyfan hwearflican a fealcen,
ælc webt wið swurfan pearl,
an' fram Heofon's þrescold
bryht swinsongs o' seraphim
feoll te bles this resteless stow.

The Gōd Eorl beo nae brittel dwolþing
oþþe sum farre ellorgást but alife
an' cwicc in ealle his handigweorc.

Wið mi riht sculdor æccen, scanks stíff
fram fog's clæmie fingors, i plod onwærd
hommen glíwwordes an' hwistlan to bridds
an' hlysnen to the choras o' land gól bæc.

Scortlic the paþ weaxes stedmer wið wæ treos
grippan Middengeard 'twixt the roots te
wiðstand the teoh of heah tides, an' wiðin
a þiccet two magpies ahop, ascrummage
for lingeren beries, grubs, bitels an' wifels,
an' as i pass thor thorndyke nod thor hefods
as if thie ken a kin; 'þouh i wæs oft tealde
as a bearn hu þese bridds ceop a dropp
o' the Dēofol's blod in thor cræg an' so
sceolde yeh latch æn, an' wiðoot its beac
snappen a fingor, happon te prog its tunge
it cuðe spæc te yeh lic a bearn mihte de
an' tel yeh o' þings that hæfd nea giet cyum.
Swelc tæles i heold as triewe for a lang tyme
æfore mine gan inti the leaorning of Herutea.

Treos clyster the balc but hwær thie bræc
i spie the wudud braes undra the cnoccled Nab.
Sum dais the folden treoþicce hylls scimer
in beorht groens hwile on oðers, lic nu, leah
lic a deorc hwæl flæschama, wæscod up bie
The Fréaflod o' Auld, drincian ealle hiowan
fram the úplyft; an' þær poccen up behint-
the hoced, clif-croon culmen of Wotansburh.

i cwician mi stride for the sunne beo sincian,
an' i heorcn sum þing roar forlorn in the farreness;
nae border creoper i reccon, but an elc oþþe hart
moste gelic, stumbellan losede te its doom in't letch,
swelc a wild, barren wailan that setts the heorte átrembel.
i scynde to ræch stedefæst grund te fand a drie spott
te leah mi scull æfore niht's cowl be fyl laidan.

Þouh restesum slæp mihte stil fleo fram me
as it de læst æfentide afore mine leafan, hwær
i leah resteless in mi bedd, nobbut leohtlic nappen
þænne waccen wið a schuder fram æn deorc wefan
oþþe anoðer, hwylc lyft an' feoll gelic stréam mists
at daibræc til morgenlætung creopt inti mi cell.

An' i bolted upriht socian in clæmie swat
heold wiðin the myndrusc o' losen mi kin,
mi bride an' bearns te the grimm reafians'
blodie stricce, hu i wæs naet þær to ceop
mi heortfolcs hale. Hu, æftwærd,
i dwelt as a wrecc in The Glōm entil
the Abbess cealled me te God's gōd cræft.

Alþouh anoðer sceadwe of mi bitern dríemes
wæs of a feend-gyrele, wild watter-ghost,
hwo, nacod, cyæm hlíepen lic bryht stiem
thruh mi mynd, as niht's deorc fold bears
the beacen moon; hir lang loccs átangel,
ealle hir liðe bodig scrifen wið wylms
an' stréams o' blaw woad, nyppells bored
wið sylfur hrings that gnast lic starres.

She spocce mi name an' begann te lilt
a galdor, swelc a swete sorgfyl wail o' woe,
an' i, so ácrimman wið scamfyl bismergléow,
wæs rihtscytte te gan mædde, so oferfyllede
o' fyr-gylt i flagen mi synnefyl flæsc-ham
til it bled, entil i heorcn wor mynster bell sweng,
the Eorle-hus ceallian Lauds inti waccen leoht.

III

'Ic me on þisse gyrde beluce   and on godes helde bebeode
       wið þane sara stice,   wið þane sara slege,
            wið þane grymma gryre,
   wið ðane micela egsa   þe bið eghwam lað,
   and wið eal þæt lað   þe in to land fare.'

Old English Journey Charm

i ken this scort trec dwindels be syde Biscop Baducing's
hwo farred ealle the weg te Rómeburg, nae dae it
mætch the wegfarende o' oðer weorþlíc pilgrims
hwo trod te the farre wealls of Constantinopolis
bringan bæc forgietan wísnesse an' wundors,
nae Blessed Aiden's hwo trod fram Iona te fund
God's cradol on the fæyer ieg o' Lindisfarne.

Thie sæy, the treow ræd o' the stræt leahs nae in lengð,
be sydes, wor Holy Muther wearded, 'Tac the wæ wegs.'

This twistian paþ i trec ymbfæreld the firth can gnipe
be cealled a stræt an', i reccon, it daesnae læd te Róm.

Sodenlic fram oðerwhær oþþe nahwær
i hier the wódlíc beorc of a dog in gaderung merc;
sceotan me lic a bolt fram a haronblast te the bæc-tyme
i stod on't mædwe bie the teampool, mi rod
an' latch in hand, hwenne i heorcn mi awn dogs'
grislic bayen, the yuhelen of mi folc in nied
amidde the flotmenn raiders' blodfare.
Mi hefodlang ræs thruh lang wæt græs,
alang the paþ findan mi deor æns deað,
mi ham a grim-fyr an' the sæ-theofs ealle gan.

Langung stengs lic a fersc sword bite in the auld scar
an' i pray te God Allmectig for calm an' hope o' heorte;
þænne, as i trod the trail i beginn te feall undra the inclen
that sumyan wæcces me, þouh hwo an' fram hwær
i cannae sæy. Yet mi mynd-eye cræfts a wearg, allæne
wið æn scarred ceafl, lang cnotted mene, slincan
thruh sceadowe, a þurstig cnife heold in æn cláwe.

Mistress Hild mistrusts Ælfleda's húscarl,
Þrystan i bear þese letters streaht to Eorl Alhfrith
an' te him allæne. Hwæt trysts an' twistens weafan
'twixt Cyning Oswui an' wor Holy Muther?

Hir standan an' sweg beo sprædan, perhappon
he sees a þreat in hir as wel as a boon?

i hæfd lytel mynd o' the lang wics an' mónaþ
i dwelt in The Glōm, undra the fét of swín
æfter burian mi hus-hold. Lost te The Glōm –
that healfweg stæd 'twixt life an' deað, hwær
both leoht an' deorcnysse sting, an' mi bodig
wæs náht but spore-clood floetan thruh wudu,
in a baelfyl swell o' sárness, mi gob scoren of words.

Flagen bie ælc dogged dawn, gutted bie ælc dosk.
Flitan in deaðscóha thru offéolle-leoht
a þing i becyæm, a Greneling o' fern frond,
braccen, mos, that bathe decay in fancie dress
an' weax agan fram rott. Mi eyes wær rain-hrings
on stil watter hwær oftymes i wolde leah
wið scwal-wæsced scinn, oþþe amang snow flacces
swirlan fram a holhow on a hyllsyde, scifferan;
oþþe hwenne i stod on a peac thie becyæm
the cascet o' the lyft lifen blaw that byrns oot
the breost-wund an' drawes oot pus wið ælc scryce.

Undra isebund meres i seo ealle mi kin oferslæpan
beneoðan mi frosted fete an' cléowen hands, efen hwen
i cracced the ise þær wæs naðinc i colde de te wacce em.

i áwóc te finde the fell o' deorc tid, la, gerímleas
blæc nihts o' the bittar blód brimmed curs, losed
gelic mi deorlings, anlic læft lifen - anlic wyrsa.

i pluccede beries, feldswamm, wyrt, root an' nut.
Ciewed netel, mallow, ticcled troot, grubbed
for súr scraps o' woe the Mercian raiders læft,
for Penda's wargangs wær scúfan Norðwærd,
reapen a blód-fest thruh ealle Norðanhymbria,
harryan Angles an' inboren, drifan Oswui
bæc te his strangheold at Bebbanburgh.

An' i cyæm up on the wræcs of oðer hamstæds
læft gelic mine, byrnt-oot feorms, swestedness,
Wotan's cropps o' hefods on spykes.

'þouh oft in þese wendings I wolde spie mi faather
at the treo line, nae adled bie tee manig winters,
leanen hefig on his stæff but yeong, yeonger þan i,
standan strang an' upriht in the scead, an' ceallian
te me in the timbered wóþ i heorcned him broc
te sceacan the beams o' the meod heall
wið his tæles, his rædels an' folcsongs
hwenne i wæs but a snot-nebbed bearn
hudheld in't thresc; þouh hwenne i ræched
the spott hwær he hæfd becconed fram he wæs gan,
oftymes standan fyrðan æf amidde the treos
an' i wolde hrépe at him in lungsár gnornung,
'Faather, hwær hæfd mi life fleon?'

i wend driften dais æfter mi faather's ghost,
deoper inti the heorte of the holt, te a holhow stow
wið a hring o' standan stones scearp as fængtóþes,
a wulf's maw bared te tear at the passan sunne,
snap at an' slice æf a tendra sliffer o' a siccle moon;
on ælc stone a scrift of rune-mearcs i denae ken.

Elf kyrk o' earð spells, auld as eow and dun,
wiðstandan wafes o' wind, fyr, watter, tyme
an' mi faather stoandan strang in't middel
becconen me cyum, an' doe-sceih, sniffen
for frécend an' harcenen te the canticle o' treos
i creopt fram undragroweth te ærgestan hring,
hwær he lecgan me doon on séfte eorð,
stroccen mi hær as hwenne i awocce
as a hæg-riddan bearn in mi bedd
an' as wullen slæp smoðered me he spocce,

'Hwæt beo man te de, mine Son?
Bettra te settel the wrecanen for yer deor anes
þan dwell foræfre in ælæstan Glõm.'

The dríemes i trecced wiðin the elf hring an' æftanweard
hæfd hunted mi mynd lang, for alþouh cracced
an' henckled þær are picts, felans, smæc an' swæc
that soemed mara triewe þan ænig waccen dai, hwær
i lifed ænlic wiðin the eye's glæm o' wilda þings
in the glent æfore boltan thruh the þiccet; as i dyde
at toccens of sãwl -beons, an' the ealle-tyme wailan,
oferwhylmen brain-byre gelic a wattergefeal 'twixt
mi æhers, the holhow dræn o' starres behint mi eyes.

Entil, æn dai, i heorcn a swinsung o' efenhléoðor
ræran in wuldor, seo wendian alang an ácléaf paþ
a lang faru o' folc. Sum monks clæþan hwit smocs
læd bie a preost bearen heah Heofon's Brand.

i fylged, ceopan te the treo's sceorf, te ræch
a blostm feld be syde the schalowe babeln Swale
hwær a gréate þrang gadered te hier thor song
an' thor spellian o' the words o' God's awn Son.

Hwenne the monks begann te dip folc in't cæld stream
i geæne geþrang an' the preost, Oftfor, áscede his
Heofonweard te frie me o' mi byrden o' synne, te hæf
cyndnes on mi sâwl; an' bíede me infær te his flocc.

He þænne sanc me fyl wiðin the ceald stréam-floe
an' þær in Oftfor's hands i diegan an' wæs reboren,
an' theræfter i wend wið 'em Godfolc te Herutea
hwær thie scheared mi drófan, raggig fleos.

IV

'*A fool sees not the same tree
that a wise man sees.*'

William Blake

i becyæm a Postulant undra Wunstan's mane,
hwo tahte me the dai te dai wegs o' the mynster
hwile Sweostor Edita undratoc mi Godlic leornung,
tæcen me prayers an' songs of þancs an' hu te ræd
fram the Godspells. i wrangled wið lettercræft but Edita
wæs sófte an' toc hir tyme an' i micel lician te hier
hir sing, for hir wóþ wæs as smoð as bridd's meolc.

i wæs gifen wyrtweard's graft, tilung gærdens,
chiccenhege, swínhaga, gatpenn, sumtymes the citchen.
Wunstan wæs an auld but burlic broðer wið micel smyltnes,
hwo hæfd lifed in't faðfyl fold o' Herutea sið its staþol,
hæfan cyum fram Lindisfarne te geæne Abbess Hieu.

We plantod, áséowon an' hærfestod, dug neowe bedds for wyrt
an' cropps, cræfted scarecráwes, staccod withie-weorc wardens.
Wunstan toc glædnesse in't wundorweorc o' grownes,
gléame fram 'beon at æn wið the hring o' endeleáse life an' deað.

'Ealle the scrifters busig wið thor incs þenc thor graft beo holy,'
he sæd, 'but wor illuminationem oppen te treoleoht blostm,
wor lettercræft ræch thor roots thruh God's gōd grund.'

He tahte me hwylc halhowed bletsung te chant æfore
ælc hærfest o' cowel, læc, ynne, gingifer, næp, bean,
foxes glofa, garlæc, pea, an' þose for the neowe bláed.

Weóxen used te æn anoðer Wunstan begann specan
ma freolice o' the tymes æfore his díeð an' rebyrth.

For manig Winters he wæs a steersmann tradung
wið the Geats, Swedes, Danes, Frisians;
spent manig a nihtwæcce nigh the scip's hefod,
hungen wið hard hrimgioel, beared frorsen,
wið fét unfelan, hwile his scip tossed
an' wylwede neah uncúð clifs that torrede
o'er narroew fiords; an' hæfd seldcyme te Eastland
hwere ther beo a folc hwo asparaþ their deað in ise
an' so thei abideaþ unformolsnod, he sæd
he hæfd gan ænes as farre as Kaleva,
an' seo æn o' the gréate hwit bears
o' the ceald Norð, lifian in a penn wiðin
the Cyning of Rapala's burgstede, an' hu, he sæd,
it hæfd sadian him te lóc up on æn o' God's
mæhtigest cræftweorcs ceopt as a plæga-þing.

For a tyme i scared a cell wið Sweyn, hwo weorced
in the citchens, sum Winters yeonger þan i.
He cyæm fram Eoforwic hwær Edwin's scull beo ceopt.
So árfæst, he seldum spocce, hæfan cyum to
the Fað as an Oblate hwenne he wæs but a ladd.
Sweyn dislician Wunstan's hant of specan
aboot his auld life, an' þose tæles i tealde Wunstan
that mi faather hæfd forþbróht to me æfore his
mynd slifen inti the brimwilmic swells o' blethor.

So i wæs boggled on findan, up on scaran the cell,
that Sweyn hæfd a tame cráwe that cyæm ælc morgen
to wor windor; hwylc he fed wið wyrms an' maða
an' spocce to it as yeh wolde a bearn. Sweyn's cráwe
wæs wær o' me an' ne'er cyæm in if i wæs aboot.

Sweyn sæd he hæfd tended it as a hæccling,
an' nu it sat on his sculdor hwile he ræd.
Hwenne, æn dai, i áscede if he hæfd gifen it a name,
he sæd, as if i wær nobbut sum moon ehtan sott,
'Hwæt de yeh þenc a bridd wolde de wið a name?'

i hæfd nae answar, so áscede if he thort his tealc
wið it wolde splott his clænliness; gifen he thort
idel prattel a synne, as wæs gretan wið the laihfolc.
'The cráwe be but a bridd,' he sæd, 'it denae prattel,
nae habbon a sāwl i mihet seoc to hreddan, nae cuðe it
æfre besyle mi loffe for the Eorl o' ealle Mancynn.'

i toc his answar, but at tymes the blæc feðer-déor's
caw oft hrang gelic folcspræc, nae de i lician hu
its sæcol eyebolls seomed to drinc the hyel o' me.

'Þær wær tymes hwenne tradung wyrft te raiden an' looten.'
Wunstan scrifened te mi æn dai hwile we grafted at fellan
a blihted treo. i thort o' the bealuwræc the sæ-raiders
hæfd læft o' mi auld life an' for a brachwíl Wunstan's
hand seomed socian te the elnboga in wulf's wine.

'i hæfdede a gréate manig þings i hreow. Sum sæy i sceolde
de mi beste te forgiet the life-spoor æfore i wæs reboren,
but hu can i seal the dæbt for that hwylc cannae beo remynded?
Be it nae in remymberen, an' in fyl ken o' the oðer life
that macian this life o' fa ð an' loffe hring triewe?'

We dug ymb roots o' the doomed asc,
hacced wið acas inti its þicce stemn,
hefan on ropes we hæfd bunde aboot its girð.
The graft wæs hard, oft stoppian in swóretung,
latherbaþed; þouh i cuðe nae help but heorcn
mi faather's gnægen an' chide for ransaccen
Ygg's halgian hors, hwær Wotan hangode
for nigonnihtes to winn the curs of foresihð.

Oft, hwile in The Glōm,
i dwelled lang up on
Grim Wotan's wýsce –
to smiÞcræft swelc dræd Will
as to áscýre the paþ onweg,
an' weald it to doom's dor,
wiðoot falteran, wiðoot
benden undra its waiht.

As we beswunce at the auld treo Wunstan tealde me
hu he hæfd ænes beon amang Ongentheow's warband
hwo feaht the Geats at Hræfnswudu to hreddan
the Swede Cwén, but cuðe nae stréon
hir hord of gold; hwær the Græ Cyning feoll
at the hands of the broðers Wulf an' Eofor.

'An' i wæs þær in Uppsala hwenne Cyning Igjald
fyrian the healls hwær the giest cynings wær hused,
hwenne his thegns bolted æfre dor æfore
the cynings cyæm scúfan to breac oot, an' that niht,
i remynd in fær, the hyel herebeorg a wilmfýr,
the scræms of rósten cynings ræcan Heofon's Gæt
an' settian ealle the starres 'emsylfs áhringen.

Uppsala wæs deaðlic for ænig thegn or æthling
of the morðored cynings. Hlutor wundorlic
it wæs i macod it bæc to þese ieglands
an' a sarig wrecch i wæs hwenne i ræched
þese waroþ, but that beo yarn for anoðer tyme.'

It wæs þænne mi acas bounsed æf the asc treo's rinde
cyuman bæc on me, to cleof a sniþ fram mi sculdor
an' cracc mi collumbone. So, as i feoll to grund mi
wearme blod splasced the roots o' the blighted treo.

Wunstan bunched his scapula, præst the wound
to stem the drinc. Oðers ran fram oðer quarters
of the gærdens happon heorcn mi scræmen
an' lugged me to the leech-hus hwær Broðor Cedric
an' Sweostor Sæthryth swiftlic striepede æf mi
soccan robe to ræd the hearm. Sæthryth toc a pot
fram the scylfe an' fram it pluccede a clomp of blæc
sloppe, dropian it in a cetil an' lit wið candelfyr.

It fæsceld, giffen æf þicc súr smocce hwylc she
heold undra mi neb, tealdan me to bræðe deop.
Fyllan mi breost i feolt mi bodig meltan lic
hætede fætt, wearme edys floed o'er mi mynd,
wegan me inti God's palm, as ghost stefn swamm:

'Wergulu
A seolh bore ye o'er the sæ's heih rim
To heal ealle blihts brort
Bie the nigon wicced sprites
An' stand strang gainst pane.

Ye beat doon venom
Ye breac the Dēofol's clawe
Ye cracc the spells o' æfre wicced dweorg.

The Christ himsylf stands o'er ealle seocnes
He kens the strengð
Of the stræm that clænes
An' brings the winds te blaw æf ealle yfels.'

Slæp wæs a deop undragrund cave
thruh hwylc floed a blæc lífléas brimstréam
bearan me onwærd farre neath blóstm felds
an' wudu beorgas lit bie the woruld-candel,
hwær dweorgs stod on the sceadowe balcs
stod on rocc scylfes to wæcce mi passen
wið glærs as auld as the stalactites
hangan lic gigant tuscs fram the cave hrof,
but oðer hwile i sensed thor eyes wær nae
up on me but on sum þing oðer swegan
aboot me wiðin the cæld, blæc watter's grip
a splasc, a læp, a rippel, a glent o' bláte scinn
ágannen wið me to the Cynedom o' Hell.

If tyme be the brimstréam þen its floe
isnae singalryne but edwiellan swellfyl,
flita an' slupe in hwelc brachwíl cym
ágénge an' ágéngecierre in æfer wyrpe
an' weorfness of tréowðs, so that mi
bæc-life beon still te cym hwile the tyme
te cym slups behind me, an' marcels
o' ingemynd árise, ásince an' milte
inte oðers an' ealle firm grund lies
yonder tyme's spill, líefen us ealle
a Noah inan arc o' flæsc segl an' bone céol
ridan the sæ-styrmes o' the Mægen Flod.

Mi faather aenes gif me a horn hafted culter
hwen he toc me wið him on the lang plod
thruh the hwite wudu te the Winterfeorm
of Ælfgar o' Stangræf for Mōdraniht;
hwær he tealde ealle the gaðrung hu the wer
went to Cattreath wið the morgenléoht,
te stand wið the Lloegrians an' finde
the weorþ o' strife, hwen ænlic æn in a hundred
cym bæc guðréd fram the reapan; þouh
thri hundred Brythons in gylden torques
feoht lic leóns til thie féol thru deað's dor.

Ælle the windian weg te Stangrief we trod
bie hrímigheard burns wið wætergefealls
standeen stif in thor hlíepe, the frecci rarian
wrung dumb bie the scearp ceald's clæmm.

But the weg o' his tellung in the meod heall
wasnae hu he hæfð tealled me on the hwite trod.

Læmps dranc oil an' spilede þær wearme leoht
as doon the dell cyam Frecci, The Rifan Æn
te þrasc the þæc, te scæce the dor, hreofen, pyffen
an' yuhelen. As faather wæfd his gielpspell
wið spræc an' segn i wacced the gadrung:
eorl, thegn-gests, wir an' wif, ealle clystered
aboot the ætwell bords, an' i colde see naðinc
but swin sweðed an' scierpte in folc cloþes.

Hwen on't bæc trecc níehst dai i asced him
hwi his tellung wasnae swa same he sæd,
'i beon æn o' þeos hwo hæfd slunc bæc
fram Cattreath, an' þær beo micel unlícnes
twixt the léaspell of guðréd for the Thengs
in the meod heall an' the tæle the grund kens.'

i tealde him i liced bettra the æfter-tæle he wæfd
of Sæfugl the son of Sæbald the son of Segegeat
hwo floeted te the æppelands at the woruld's ende
te bring bæc his dæð cwen fram the Elf Cyning
an' haggled aweg ten Winters o' his life
for æn scort monað wið hir bie his syde.

A wapul of ingemynd that cym beo a smylte trod
acros deorc wet felds wið mi faather, módrige, fædra
an' thor bairns, we hæfd cwicc ofgéafon wor ham
for sumþing looted in the niht that wolde cwelle us.

I næfre ken hwat: a bear, a hwite, cargást, egesgríma,
but we ealle staid hidd in't wudu til leohtness cyam.

Mi módrige scietered aboot us a hring
o' nigon burnen twiges, feower dæls o' æppel
spæt oot its cyrnels, an' slotan o' pecceld næddran
she hæfd snædde up wið a cnif, as she softspræc;

'wyrm com snican, toslat he nan
ða genam Wotan nigon wuldortanas,
slog ða þa næddran þæt heo on nigon tofleah.
Þær gændade æppel and attor
Þæt heo næfre ne wolde on hidd bugan.'

Hwen deorcness creopt aweg at læst mi faather
an' fædra gangan te scrútnede, and hwen
hé caym bæc sæd the feond hæfd gan bie.

Ænes I gif Emma, mi gód wif, a tartan swæpel
I boht fram a Dalriatan céapmann in Alnwick
æfore we wær wedde, its bleóm sett hir wéopen.

Lic i wéopt, behind deorc gleowian, clystered
bie fyrd-fyrs at niht in't léow o' the Gréate Weall
on wor faru bæc fram the blodfare in Rheged.

An' in the watter's blæc læp i seo, or feolt
the fyrcle o' hwite scinn o' a wild fisc-gyrele
hwo cym flotan wið me te hwatæfer uncúþlíc
sæ that undragrund brimstréam wéopt inte.

As æn the Eorls of Undraearð begann to sing,
thor efenhléoðor splitten, echoen, magnifyan
thruh hydden rúncofan, weafan dreámswinsung
that floeted aboot me, thruh mi bones in searen
wipes an' scæcces, bouyed mi up, bore me alang
wiðin the watters, an' ceopt mi grimm gest at byh.

Æfter a tyme the deop cafern greow leohter
an' the stréam lugged me oot inti the woruld
hwær Sweostor Sæthryth smearcede doon
on me tellan me te þanc the Cyning o' Life
for the gift o' mi life, for i wæs wislic te wirp.

i stæd in the leech-hus for sum nihts
undra Cedric an' Sæthryth's bliþe cerre.
An' Wunstan cyæm to see hu i færed; an'
te abidan tyme he tealde me o' his crossen
bæc fram Cyning Igjald's wældréor at Uppsala.

'Thruh swells o' sword an' spere we feohte,
an' ran undra hægl o' arwan, ceorfan a paþ
te the herebeorg, mi broðers dréopung aboot me,
entil a werig band o' us sicored a smæl scip
an' rowed inti the River Fyrisan oot o' ræch,
macod the oppen sæ; te Gotland, te Oland,
thruh Kalmarsund te Bornholm,
te Trelleborg an' on thruh Oresund.

We æt gulls an' seolh cubs, makelaer an' sciellfisc,
an' hwæt æfre we cuðe stæl on niht-rades áscore.
Wending the dire sæ-surge fram windswepan strahts
te styrme scæccan strands o' bleac bæches, undra
furhows o' cloodbalcs, scietes o' studded starrewegs.

On Anholt we oferwintred wiðin the sylfur healls
o' Cwén Sigríð, grandohtor o'Harthben the Gigant;
hwo ælc an' æfre æn of us lufed fram the nyke
we glympsed hir. Þær we hæled, grewe strang
an' lifed lic eorls. Sigríð bestowen gifts on us:
gylden torques, mightig swords, mail scyrtes,
scields, smioer hrings; þænne, tyrnen widdiscins
in wor scinns, we begann to mistryst æn anoðer
o' gainen the gréater gift, eyean ælc's robes
an' goldhords as the wicced wyrm o' æmynd
spæt its spyte inti wor heortes. We biccered.
We feohte. Sum died, bie ælc oðer's hand,
but in the styrung Sigríð's galdor weaccened.
Sum o' us fled hir burg o' Wealcen Slæpness,
wið thri o' wor betst men leahen deað,
anoðer broðer ceopt as hir spell-heold cyning.

On we sahled o'er hwale-acres o' Kattergatt,
Skagerack þænne oot inti the wild Norð Sæ,
harried bie hungor an' þyn ghosts o' seocnes,
hwo toc mi broðers æn bie æn entil i eallæn stiered
the stolen cræft o'er sæ's endeleas déaþbedds,
healf mædde wið thyrst an' the swale's bealufyl lai,
an' as i sanc wið ebban strengð te the bottm
o' the rollen sæ-hengest, gloren fisc-eyed
at the ninefeald skies abuf, an angel o' leoht
stæppod oot o' þyn air an' stiered the cræft
wislic an' streaht inti the palm o' Lindisfarne Byh.
God allæne sent it te hreddan mi earmfyll sāwl.
For that i gif unto him hwæt beo læft o' this life.'

Duren mi bedd-reste i seo Sweostor Sæthryth
ceopt a lytel poppet on a scylfe in the leech-hus
cræfted fram cloþ an' stuffed wið wull,
wið eyes, nebb an' gob scrifen on't,
and hwylc, hwenne she thort i wæs aslæp,
toc doon an' cradled in hir hands
hwilst standan, gawpan oot the windor.

On't thrid dai of mi staie she happoned on
me wæccen hir, hwylc þrew hir inti a fluster
at beon cauhte wið a bearn's plæga-þing.
'De yeh macian the poppet Sweostor?' i áscede.
'A lang tyme bæc, for mi dohtor.'
'An' hwær beo ye'r dohtor nu?'
'She beo wið the Eallefather.' She sæd,
puttan the poppet bæc up on't scylfe,
an' wend bæc te hir weorc of miscian wyrt.

Wise te mi læsten loc she scortlic áscede o' me,
'Broðer Oswin, hwæt do yeh receall o' yehr muther?'
i wæs stil a hwile, hlysnen te the þrycce o' posles
in the stone mortar, entil she stopped hir graft,
locian at me, hir greone eyes cene for mi words,
'She dieð hwenne i wæs a whelp, mi faather seldum
spocce o' hir. I wæs rærad bie mi módrige.'
'Yeh remynd náht o' she hwo birthed yeh?'
'A swétnesse'. i sæd, 'Oðer hwile, a ghost féle.'

Sæthryth wend bæc to the wyrt, pestle an' mortar.
'Do yeh ken ealle the herbs an' thor wegs, Sweostor?'
Sæthryth scoc hir hefod, sæyin that Cedric wæs
tæcende hir wyrt-lore, alþouh þær's mara to ken.
'An' are thie ealle wirp-wyrt in here oþþe de yeh
eallswa ceop þose oðer wyrt that do yeh hearm?'
'Þær are manig wyrts that do both, as gifen
hwylc part an' dæl tacen, an' te feohte hwylc ill.'

i áscede nae mara but dwelled up on't poppet,
an' hu on incyumen inti Herutea we ealle forsacan
wor past life, but hu we ealle grippan tiht
te hydden rags that remynd us o' hwo we wær.

'þouh i stil thole fram deop æces in ceald weaðer
i mended fram the wund, te áspyre the blihted asc
hæfd beon healed, weaxan strang wiðin the ortgeard,
an' i wundored if, as mi faather wolde hæfd betealde,
mine offrung o' fersc blod gaif the treo wiht strengð,
alþouh i spocce this auld heresie o' thort te naene
an' it mælted on mi tunge at niehst scriftspræc.

Æfter two Winters o' mynster weorc an' leornung
i underwend the Rite o' Tonsure, utteran mi beháta
te Abbess Hild, hwo gifted me the onweald o' Robe Bearer.
Micel to Sweyn's glum glædnes i wæs gifen mi awn cell.
So i læft him te his déman an' the gærd o' his cráwe.

V

'They told... how, of thousand snakes, each one
Was changed into a coil stone,
When holy Hilda prayed:
Themselves, within their holy bound,
Their stony folds had often found.'

Sir Walter Scott, *Marmion*, Canto II, xvi

The sláwe stréam narroews at a scearp scéat
an' i neah the settel of Mydilsburh clystered
on yon balc, ealle laid oot in deop slæp,
but for the styrred up dog yuhelen gelic
a wild wulf, an' the stede cnocc-cnocc
o' the dug-oot tigan te a smæl wudun hyð.

On this syde its twinn wið a bell that i hring,
naene styrs but for the hund, so i moste waht
for morgen's leoht te cros þese watters.
i bewindan mi wullen stole aboot mi bodig,
sæy a prayer te wor Father in Heofon an' git
te etan sum smocced fisc an' cyse i brort; but
the felan o' beon wæcced bie sum þing hydden
doesnae ebb an' mi eyes i findan strainen
te stab the deorcnysse o' treos an' hréodbedds.

Æn morgen læst Haligmonað i wæs gadrian lichen
fram the særim for the inc maciers, wið Wunstan
an' Sweyn, beside the Dragon Rocc hwenne
the Virgin Ælfleda cyæm alang on hir wealc
wið æn o' hir handþegns cnown as Mildberge,
an' Beorheard a feawe stæpa behint. i wundored
hu it félede te hæfd æfre tred sceadowed bie
the grislic húscarl, but recconed she hæfd growan
so brucan te it she nae langer wegan his bearan.

As farre as i heorcn nahwæþer ne'er swapped a word.

i fretted hwenne she cyæm acros pebblestones
te hwær we grafted, an' stod wæccen us picc,
scrappe an' droppe wor tide-cropps in te wor bins.
i bid hir a Bliþe Morgen an' gaif a wearded hnod
te Beorheard, hwo denae answar but gaised,
stif lipped, o'er the hwit rollen bræccers.

'Oft tymes fram mi hut,' sæd Ælfleda,
'i heorcn a mircean catawailen fram the score.'

i tealde of hu sæwinds oft gan macian songcræft
wið the holhowed clefts of Faerie Cove a scort
weg alang the strand. i áscede if the wæ cwén
thort the Dragon Rocc locced lic a twistian wyrmcynn
that cuðe tacan te uplyft an' scur us wið fyrr
an' hu, thie sæy, it wæs ænes a lifan démon
that brort eallefær te the coast; hu hæðens
wolde fetter a virgin te the clifs as an offrung
ælc moonfylen til Hild hirsen crosed the wyrm;
fængtóþes an' fyrr gainst hir fað in Heofon's Ceoper,
hwo, in his mægencræft adwenden its flæsc te stone.

Ælfleda's scridan o' strictnesse lyfted,
she chuccled an' shoc hir hefod,
'Do yeh belyfan that?' she áscede.
'It beo gōd folctæle. i am welfond of folctæle.'
Mildburge, hir handþegn, hlæhhd tee
an' sæd she eallswa lician te hier wild yarns.
'i þenc it locs gelic an elyphont.' sæd Ælfleda,
gaisan at the tide-worn stone, that mynded me
o' Beorheard's face wið its hrycges, crags,
trailan sæwyrt an' þicc patches o' lichen.
'An elyphont?' i áscede, 'Hwæt beo elyphont?'
'Gigant wundors wið tuscs an' truncs that dwell
farre on't Eastweg. I hæfd ræd of 'em
an' seon scrifen of 'em in a Beastiary.'
'Wiðin wor bocgærd?' i áscede, for I hæfd
nae leafe te gan néosen the mynster's bocs.
She nodded, an' i hæfd ne'er sið locced up on
the gréate stone wiðoot þencan of þese elyphonts.
'Dragons an' faeries! Hwæt oðer folc's yarns
o' nehar bie démons do yeh ken, Broðer Oswin?'
'Þær beo a tæle o' a wyrm dwellan in't Wear
an' a deaðlic watter-ghost cælled Peg Powler
hwo scours the farrethest streces o' this stréam.'

i gome Wunstan's glore an' Beorheard's
stabban eyes up on me so i sæd that i thole
a loose gob hwennæfre it cyuman te folctæle
an' wolde be farre less a gork an' a betera
folgere o' the Christ te gærd mi tunge.
Ælfleda's smearc wæs lic an angel's, þænne
the sciete o' indryhten wæs drawn ænes ma.
Þancian me she strolan æf towærd Faerie Cove.

i wæcced the floe o' the handþegn's cyrtel,
the sefte te an' fra swingsong o' hyps wið ælc stepe,
as wynsum as the wafes ræs an' drawe; but locd
swift aweg hwenne I seo Mildberge peccen bæc.

Ænes oot o' æher scott Sweyn begann te scold an' snipe,
sæyin i wæs a twitt wið nae riht specen so freolice.
i mynded him the gyrle hæfd begunn the spellung,
but I sceolde do betera nae te oferstepe mi standan.

Wunstan hwispered that wor mynster
wæs hwerfan towærd an oðor stow sið
Hild's heah boren bearn hæfd cyum.

The deorc flód glocgs, flupbs, scleps
gainst the slyppan timbers of the hyð.
Þær beo plopp here an' þær as a fisc breaccs
the watter's scinn. i wæcce the hefig moon
sliden in't lyft, two nihts til fylness, swillan
the cloodweorc wið sylfur incs, bryhter
efen þan þose nieded bie the scrifters
in wor mynster as thie graft on streccd vellum
te recræft the Godspells o' the holy saints.

Sum incs we macian wor sen wið lichen, sæwyrt, fisc,
an' fram blostm an' méos weaxan in't gærdens,
oðers are brort fram the farrelands, sum fram hwær
God's Bearn wæs born, sum fram heah beorgas in the East
hwær elyphonts trod; peacs so heah, thie sæy, yeh can
hleap fram crags te climb on't moon as she gans bie.

Æefore lang the moon's suncen twinn cyums oot,
swimman, aglimmer up te the wyllspring,
as rædmice flit 'twixt treos o'er watter,
fedan on nihtbutterfleos, hwo, gelic me, are gegælen
bie the sweostor moons' þagian æfensong.

Æn hwit eye abuf the woruld an' æn underneoðan.
De thie specan the derne tunges o' leoht
o' ealle thie hæf seon on thor trec -
the manig dæds o' niedðearf, o' loffe, o' spyt
ofer ealle feówra quartus o' Middengeard?

Sum dais læter, gadrian bræmbels in't gærdens,
the handþegn Mildberge cyums up be syde me.
It beo hard nae te oegle at her wiflic sciepe,
an' I feol mi stem stirran neaþ me scyrte.
i bid hir Gōd Morgen an' she sæd Ælfleda hæfd
þurhbrúcan wor spellung bie the brim, an' the wealc
te Faerie Cove, þouh hæfd awoccen that niht
fram deorc dríemes aboot elfs cyuman te stæl hir.

i tealde Mildburge i wæs deoplic súr te hæfd ræsed
ænig woe in wor wæ cwén, hu i sceolde ken
bettra te ceop mi awn counsel an' nae lett
mi fricu for folcyarns læd me te forgiet mesen.

Mildburge plocced a bræmbel fram the thorndyke
wiðoot muðlan the blestsung te niwe blædnes,
sæd that hir Wæfl wolde wislic find wellness.
Ræchan for anoðer ripe berrie hir hand swéop
mi palm an' at the flietung hrine hir greone eyes
lauht mine an' heoldan a glimmer tee lang
æfore glentan aweg. Droppan the bræmbel
in hir gob she sweopod æf alang the paþ
towærds Ælfleda's hut, an' i cuðe nae help
but loc at the swingsong o' hir wenden hyps.

For the reste o' the dai mi mynd wæs a muddel,
mi breost-spring chyrned as if bie a leohtnen styrme
an' i cuðe nae fetter thorts up on mi weorc,
nae howld firm mi devotions wiðin the prayer-hus;
mi eyes wafered fram 'Abbess Hild's godspellaþ,
thruh the hrings o' swete scented smocce
te lingor up on Mildberge, cneowian acros the heall,
an' hwo, ma þan ænes, weorpan a sloe lóc at me
gelic fiscoð twine bætan wið a fætt wosig wyrm.
So cyum æfentide hwenne i yielded te mi cell
i martyred mi flæsc te banan the unclæne wyrm
o' seoþan lust that hæfd tacen root in mi ynnerds.

Ealle this moonan læd me alang paþs o' didderen
so mi loffe-addeled brain-loccer cuðe nae settel
on ænig æn þing, nae graft, nae prayer cuðe tether
mi thorts, synræsas scrabbeld an' cláwed for hedan -
the weg Sweyn's cráwe scratted his scyttars for tidbitts.

Mi willsumness wæs a rag o' mist huntnold on Huntcliffe,
wræcage læft bie the tide, a grub up on a cæld stilled tunge.
Mi grace wæs a swearm o' gulls herion a fiscoð coble,
a citchen cnife's bite in mi palm, a clencan blodie cloþ.

Hwile mi niedðearf wæs a spelc in a festeran sore;
a nettel's rasc on't bare þigh, a wyrm in a rose budd,
a maggot's hopp an' wriggel in offal, a styrmeblast,
a níedling-manger's raid, a boar's tusc goren oot guts
a ræts' nest in't þatch gnagan on Slæp's carcass.

VI

*'Where the wyrm dieth not,
and the fire is never quenched.'*

Mark 9:48

Word spræd thruh the flocc o' God's scipo.
Ælfleda hæfd beon elfscot bie a dart o' seocnes.
The Virgin wolde eat náht but a sponfyl o' broþ.
She denae heed Mæsse, ceopt bedridden te hir hut
hir handþegn wiðin an' Beorheard wearding hir dor.
i wæs tealde she napped fitfyllie thruhoot the dai
an' awocce wið niht-færs o' elf cyning's cyuman.

At Mæsse we ealle prayed for hir cwicc wirpan,
hwile Cedric, misced drincs o' bittar wyrt
hunig-swetened te soðe hir æches an' smiertes;
an' sum spocce in hwispers o' wiccræft; hu æn amang
wor broþerrede wæs an apostol o' Satan, a wyrm.
i freetted mi sott's yarns hæfd gnast hir seocnes;
an' spotted Sweyn weardian me ma þan wæs wisness.

On mine gan te Vespers æn ærlic Winter's æfentide,
wið an isceald sæ-wind bearen fleccs o' snaw
i beo hwearfian the neuk o' the scriptorium
hwenne Mildburge stæpped fram the sceadowe
an' teogged on mi sliefe. She tucced a fæyer locc
o' hær bæc undra hir hacele, gloren inti mi eyes
wið a wyrghsum loc fyl o' synbryne, o' fær,
oþþe a meld o' ælc; þænne hleonian clyser hwispered
two words in mi æher, æfore mæltan inti deorcnysse.

i stod, weardung if ænig hæfd gomed wor mittung.
Næ sâwl wæs aboot so i trod on, utwardlic unhruflad,
thru hwit bylows towærd the prayer-hus,
two words spinnan thruh mi wylmpool hefod.
'Here. Midniht'
'Here. Midniht'
'Here. Midniht'

The æfentide Mæsse dragged an' ænes agan
i cuðe nae find mynd- frið, nae glædness
in the psalteres, nae in't lofsangs oþþe canticle.
i cuðe þinc o' náht oðer þan Mildberge,
an' hwæt she miht nied o' me at Midniht.
Wæs she lauht inti sum strife oþþe pliht?
De she ken sum þing aboot Ælfleda's illth
or wæs hir scite nied ma wanton?
Cuðe it be a træppe for a sot's synnefylnes?

Æfter the læste prayer te ceop Ælfleda hale
the faðfyl filed fram the heall inti a wylming
hwit styrme, treadan wið carre te wor cells
for stund o' inwærd worðscip an' leornung.

Wiðin mi cell mi wyrgan an' færs brémede,
harsce as the weaðer wiðoot, an' as tyme
passed i cuðe nae ceose hwylc weg te gan,
but scortlic æfter the ellefneþ belle i teogged
on mi cæppe an' slipped inti the niht,
scootian an' stoppian rætlic 'twixt hutts.

Lurcian in sceadowe i cursed mi weaccnesse
for lettan lust an' fyrewitt læd me blind inti synne
an' sāwl-pliht. Snaw flaccas hringed in the byre,
toehan at mi cowl, þouh mi fotmarcs
wær coffred swift bie Winter's fersc weafe,
a lent moon flitt behint wind-raggig weolcan,
i heorcn the eargie lai o' elfen cræg cyumann
fram Faerie Cove gelic the choir o' a deorc eftwyrd.

The wahtan wæs a torque o' twistan bands
bindan me in stede. Wæs she cyuman?
Cuðe fingors freos an' breac æf in't ceald?
Sceolde sumyan find me stiff in dauing snaw héaps?
An' hwæt wolde feoll oot if she de schouw?

Þænne i heorcn an oproer fram behint the gærdens,
nehar the royal hut, a deop crie an' a scræm,
þænne growlan þréats, an' i stæpped bæc
in te deorcness, freosan in fær bie the scryc,

'Nae, Beorheard. La, Heofon's Ceoper, forgief me!'
T'wæs Mildberge. Hæfd she beon lauht bie Ælfleda's
húscarl creopan oot fram the Virgin's stow?

Oðers wær bustlan inti the niht for findan hwæt
undra Heofon wæs happonan, slidung on ísig paþ
toweard the dyne, an' as thie béféraþ I slifen inti
the þrang gaderung aboot the thegn an' mæden.

Mildburge cneolt on the hwit winter-scawl
blod sæpan fram hir gob an' a cut on hir brú
wið Beorheard standan o'er, a fýstfyl o' hir hær
an' belhowen that he hæfd lauht the she-spíðra hwo
wæs weorpan the Virgin's broþ te blight hir mynd,
an' set hir sāwl wending thruh the wildeoren,
hwile poor Mildberge, téarewrung, sobbed for mildness.
'Nae, i loffe Ælfleda! i hæfd dyun hir nae wiccedness!'

Thruh wearm blod an' téars she spyrede the crood,
hir eyes stoppan for a glent on mine, grimm-strucc,
þænne the Abbess opíewede healdan heah a fyrrie brand
ceallian for huisht in a stefn that ealle but stilled the gaile,

'Beorheard, gan bæc to the royal hutta, Ælfleda
beo unwearded sceolde ænigan wýsce to hearm hir!'

She tealde Broðers Iuwine an' Oftfor to tac Mildburge
te the leech-hus, te ceop hir þær entil morgenléoht,
hwenne the triewð scule be dragen an' setteled.

An' so t'wæs. Mildburge, agast, wæs brort
te the mætung heall æfore the gadrian flocc.
Beorheard retelt his charge o' atorcræft.
Mildburge forsoc ænig wrongdoan, plæded gōdness,
but ceopt huisht hwenne áscede hwæt wiccedness
she wæs aboot ootside at Midniht; þænne Sweyn
wæs brort forwærd as a witnes, staccian te hæfd seon
Mildburge specan for alang hwile te sum fisceremen
on Fisc Sands an' he wæs sure that sum þing
wæs swapped. Ator perhappon?

'Aye, perhappon.'

Beorheard fingor becnian at Mildburge sæd,
'This spidra-wif wæs ænes an ætheling, healdan
in hir the blod streon o' Mercian Cynings,
but duren a raid on Pinda's fyrd Heah Cyning Owsui
latched hir as his war-geld. For lang winters sið
she hæfd bided hir tyme gelic an hagwyrm te reap
hir blod-weorþ bie morðoran Oswui's bearn.'

Mildburge smorthred hir sobban, gloren at him
in reneowed hatræd, þænne wæld oot te the hyel flocc
that he wæs a leogere, nae ma þan a blod thirstig ogre.

But naer hu manig tymes she wæs áscede
she wolde nae gif up hwi she wæs oot an' aboot
hwenne æfre gōd sāwl in the mynster wæs aslæp.

Fund gyltig an' doomed Mildburge wæs læd
te the Dragon Rocc hwær we ealle stod
as God's kith praying on pebbelstans
at the woruld's edge, in scifferan ise blasts
hwile fugols hweoled an' scrycked an' a swearm
o' sandpips nipped, dartan lah ofer sæ-rippells
as it þrasced, þyddan inti wræcs o' tumbeld
bolders sendan geisers o' fam an' freoð heih
in te lyft hwylc it misted inti regenbogen.

Hwile Beorheard the Flæscmonger
toc æf Mildberg's prættig hefod wið his sword
an' stucc the blodie þing on a spyke,
hwylc he set atop the weaðered rocc for ealle
te loc on an' receall as a wearding te ænig
hwo miht þenc o' hearming his lytel cwén.

Hild læd an ambiht, bisecen the Eorl of Heofon
te forgief Mildberge hir wegweard wicced cræft
an' te gif ealle oðers wiðin hir flocc
the strengð te ceop te wor rihtwise paþ.

Mildburge's bodig wæs læft on the réod lapian scylfe
for synne-eaters te clænse wið thor hungrig gobs,
hard beacs, an' ealle Winter lang, hwile Faerie Cove
sang its keenungs, Mildburge's hefod wæcced ealle
fram the weaðer-battered cappe entil it wæs náht
but a flæsc-bær scull nean but I cuðe peg.

The cwellan læft the mynster wriðon in fryht mists.
Æfre sāwl warian an' wæccefyl o' æn anoðer.
Efen hymnere lofsangs seomed holhowed an' dræned.
Frost an' þicce snaw smuthered The Horn o' Heortness.

Ælfleda's bliht wend on wiðoot lett.

i wend aboot mi graft byrðened wið a hefig gylt
ofre Mildberge's deað, an' wið a synbryne for Beorheard,
'þouh i prayed te wor Heofonwærd for stilnes,
it eallswa wearmed me thruh bittar nihts.

Alþouh i seldum seo him his stenc wæs æfrewiðer,
smiting smyltnes we hæfd weorced swa hard te weax.

'þouh i fyl ken it beo Heofon's Ceoper hwo dwels
wiðin æfre eorðen þing, it beo Beorheard hwo wyrms
thruh ealle mi tymes o' waccen an' slæpen:

Beorheard in the fliccan nedra
Beorheard the ræt sac
Beorheard in the spíðra nett
Beorheard the gnæt
Beorheard in the snægl sciell
Beorheard the bull
Beorheard in the swin-stenc
Beorheard the frogg
Beorheard in the bee-gigh
Beorheard the brimfugol
Beorheard in the brocc-scrud
Beorheard the fox
Beorheard in the hara-blast
Beorheard the flæscwyrm
Beorheard in the cocc-scrit
Beorheard the hogg
Beorheard in the wédehunds gnirran
Beorheard the weosule
Beorheard in the leach-ciss
Beorheard the wearg
Beorheard in the elc-spor
Beorheard the bíetl
Beorheard in the meolcan-crocc
Beorheard the lús
Beorheard in the henn-heccle
Beorheard the fealcen
Beorheard in the mús-scut
Beorheard the cráwe
Beorheard in the flea-hopp
Beorheard the wer –

as a byrden for mi synnes
i pegg the horcroppe æfrewær.

Ænes the frosts an' snows o' Winterfilleð thawed
an' the land scoewed glents o' life creopan bæc
wið langer dais an' clysters o' snowdropps hringing
the boles o' treos in the ortgeard an' the budds
at the liþ o' bær twigs swellen wið the cwiccanen
an' greowan sticcie wið niwe hope, we ealle
gæsed suðwærd alang the strand, yond Riedcarr,
Sælt Burna, the clood claþed bælg o' Boulbie,
towærd Streoneshal wið a fyrie yeornan for wirp.

VII

'ac se æglæca ehtende wæs,
deorc deaþscua, duguþe ond geogoþe,
seomade ond syrede; sinnihte heold
mistige moras; men ne cunnon,
hwyder helrunan hwyrftum scriþað.'

Beowulf

Weðer owen te bittar angr oþþe gylt
simmeran in mi gut, mi slæp beo farre
fram ræstefyl an' i drogen a styrme
o' niht-mara – mi ealdra dríeme
fram The Glōm styrred in the bæc
o' mi brain-loccer; þose broccen, hankled
sihðungs cym fram wiðin the elf-hring,
hwær mi faather's ghost ænes læd me
in te the holt's deorc heorte-penn hwær
he cneolt te strocc mi hær, hwisperan,

'Þær þær mi Son',

til i feoll fæst aslæp on the breost o' Habondia:
Hægtesse, Bone Gadera, Mud-Cwén,
hwo rocced me gelic a freetfyl moppe,
hwo begun te sang a wild lollaibie.

i nu remynd healf waccen in seldcúþ smyltnes,
the hyel woruld stil, nae leaf ácwifer. Nae græs
blæd bent as i ran on déores stæððig hofas thruh
folds o' niht, swift as starre leoht slidden on ise,
wiðoot stitcc, nae naccen, nae strain, nae pant;
mi fliht, mi paþ streaht as a mearcsman's arewe.

i ræched a fierdwic, littered aboot anoðer woesten
feormstæd naer te smorian Yeavering; rotian manscrag,
gangs o' wailan hæftlins scifferan in fetters,
a weardmann slæpan bie the dor slouked
on a stol, an' i passed gelic a gnæt, læfan him
a slac smearc undra his beard, a wæt, red smoc.

Wiðin the ham the slumber-snores an' clatterfarts
o' the Mercian war-mangers; þænne the blod's huisht
floewan fram oppened throtes, minglan wið thresc
as i creopt 'twixt æn deorc dríeme an' the níehst entil
the ham floeted æf on ærge brimwylm Tornwraou,
an' i awocce niehst morgenléoht, an' manig æfer,
wiðin the wearg-toð hring o' rune stones, scinn
stræcced wið gor hwylc wolde nea wæsc æf nae
hu hard i scrubbed, entil the dai Broðer Oftor
sanc me inti the watters o' wor Healdend's carre.

Of læt in mi cell i hæfd oft awoccen wið a steort,
mi bedd hringed bie þose auld weorced stones, hands
sweorfan at mi reaw scinn, the ríed ágleddian cyæm bæc,
the Eorð -Dam's bealufyl swinsong stil hringing mi æher.

In wor chapter-hus læst wice Broðer Sweyn
toc te the flor for specen, staccian that Ælfleda's
onganning seocnes wæs God's Hearm on us ealle,
cyom for letten synne settel wiðin wor mynster,

'For we hæf lett God's Hus beo smitten bie wyrms!'

In a deope swége Sweyn tælede ealle þær
o' Wunstan's þeawes o' idel gnatter,
o' giffen mara carre te his synnefyl past
þan te his sāwl thruh hiersum prayer
an' leaorning o' the Christ's teachungs.
He þænne áscede Wunstan wær it triewe
that he oft spocce aboot his synne-tyme
æfore his halhowed deað an' rebyrth.

Wunstan denae foresace the tæle
but swelohed the tattel hyel,
admittan he oft dwelt lang an' hard
on his auld life as a weg o' ceopan fað.
'Ne'an' Sweyn wend on, 'Wunstan fingored,
can fyllie oppen thor heorte te the Christ's lofan
hwile howldan on te tatteran o' an auld life.'
Te hwylc the gadrian flocc ealle ácordede.

Wunstan fell flet inti the stréaw strecched hisen
on the Chapter-Hus flor, wædlian for forgiefnes
fram the Father o'Life an' the Christ
an' fram ealle þose wiðin the gædeling.

Sweyn hálsede the scrift be the same
as it hæfd beon in Abbess Hieu's dai,
wið ælc æn þær, counting mesen,
stricen Wunstan's bare bæc wið a swihcc.

We ealle stod in a ráwe an' ælc geaf a sweng
hwile Wunstan, bund te a rood, wylmed, scocen,
gruntan 'twixt grittan teð. Æfore the læst strocce
hytt the auld monk suowned, hwærupon we
lugged him te the leech-hus for Cedric te lácne
the blod strippes ceorfan in his flæsc-ham.

Æftwærd, i ceopt te mesen ealle i cuðe
heoldan a taut weard ofer mi lips.

i dyde gan te the leech-hus te seon Wuntan,
færan the bætan hæfd hearmed mara þan his bodig,
for, 'þouh he spocce, he macian lytel wisnese,
ænlic that he heold nae grudge an' hæfd leaorned
his lesson wel; þænne wolde feoll inti blither
hwimperan, weopen gelic a baern, beggan forgiefnes.
Sweostor Sæthryth sohte te stil him, dampnung
his swete-slicc bræw wið a cæld wæt cloþ,
soðian that nu he hæfd méd the synne-weorþ,
ealle wolde be wel, but he cwiffered an' scoc
his hefod, grabban mi hand tiht, an' in words
fyl o' blubberan spætl sæd he wæs æfre-cursede;
hu the Eorl Abuf hæfd gifen him life ænlic for
him te cyum to ken this dræd triewð in fyl.
For on his lang crossan o'er sæ-wastes hungor
seocnes macod him æt the flæsc o' his broðers.

Þær wæs náht o' the auld stedefæst
smyltnes in his eyes, but a wærig þing,
sum scieh ræt that scuddred in its denn
an' i wundored if he wolde æfre hælfyl.

On leafan i sæd he sceolde reste,
seoc wellness in the palm o' wor Gōd Eorl,
an' hwile Sæthryth smorthred his wunds
wið a þicce, cremlic sealf, i sceofled a handfyl
of dryd feldswamm fram a pott on a scylfe,
slippan 'em aweg wiðin the innra folds
o' mi stole as i stæppon bie.

Anoðer styr broc the blis o' æfnung Mæsse
æfter the ende of anoðer cnéatung aboot
Roman rihtes of weorðscip an' þose
o' Erinn an' o' the tréawe byre o' Easter.

This tyme it wæs Sweyn hwo, swætan
an' groanung begann te rant an' chide
undra his æðm, grindan his teð as the reste
o' the flocc malted wor wóþa in lofsang.

At fyrst he dreow a feawe fyrwitfyl peecs,
but begann roccian twa an' fræ an' scufen
at his ceafl scinn, eyes rafan wild aboot,
scyttan fram syll te spar, þænne stairan at
his broðers, hwile his æðm grewe mara raggig

entil he wahled a lang blær o' scir blether-drefel,
feallan te his cneos, clawian his neáhgeburs' stoles,
hwo scatered te macian rum, hwær Sweyn begann
to wryth aboot in't þresc gelic a twistian wyrm.

'He beo Dēofolseoce!' Sumyan cryd,
'Gelic Ælfleda.' Sumyan added,
'Satan hæfd cyum!' Scrycked a þridd.
Hild's ceall broc thruh thor styrme.

Ealle feoll stil, sæf for Swyne hwose gob wend on
gabbelan, his hands wend on scratlan the bords.

'Tac him te the leech-hus, an' binde him æfore
he dae hisen oþþe oðers hearm.' Happon hwylc
he wæs handeled scræmen fram the prayer-hus.

Yeosterdai morgen, thritti æn dais
siððan Hreðmonað begann

as i gaddered lichen fram the bæce
neah the spott hwær i hæfd tælede
Ælfleda the folcyarn o' the Dragon Rocc
Sweostor Edita cyæm alang the mynster paþ.
i græted hir meeclic an' she answared,
'God be wið yeh Broðer Oswin.
The Abbess wolde spæc wið yeh.'

A fær flurrie flicored thruh mi yarns for i cneow
mi lenc te Mildberge's deað moste sum hu hæfd
cyum te leoht, oþþe elles the triewð aboot Sweyn,
hwo, thie sæy, beo hælan fram his bedēofolment,
hæfan læft the leech-hus, but nu ceops te his cell.

Edita læd me fram brimside bæc towærd
the friþgeard o' þatched mynster byildungs
an' as we ræched 'em i glent behint at wor
æfre wæccefyl, flæscless hefod on its spyke.

The Abbess wæs sittan scriftian at hir tabele,
cneollan i gafe mi heálsung, but she bid me lyft,
áscing Edita to leafe an' clýse the dor.

i wahted as she scéawered me wið hir græ gæs,
blæd cene, stedefæst as Spring brimstréam's floe,
a lucc, so sæd, ænes scyfted wyrm flæsc te stone,
hæfd læd the gárníð hardened heortes of war-eorls
inti the blis o' wor Hælend's blíðelice earms.

'Broðer Oswin,' Hild begann,
'Yeh beon amang us eahtawintre, I belæf?'
i answared, 'Yse Holy Muther.'
'A curse hæfd befeallen this mynster, mi Son.
i wolde hæfd mi flocc's spedig wierfe to Streoneslahl.'
'Yse Holy Muther.'
'Settlements moste bemacod wið Æthling Alhfrith
te macian rædy wor forthgang te niwe Abbie,
i wolde heorcn tidings o' its weaxan.'
'Yse Holy Muther.'
'i hæfd ceosen yeh, Oswin, te bear mi scrifts.
Yeh sceolde gan eallæn, on fót, bie the wæ wegs
for eyes scéawere the roads, mara on't border
'twixt Bernicia an' Derenrice.'
'Yse Holy Muther.'
'Trec te Streoneslahl. Hand the scrifts ti
Alhfrith's palm an' te his allane, undrastandan?'
'Yse Holy Muther.'
'Læfe æfore Lauds tomorewe. Tell naene
o' this ærende. Be wislic
Beorheard doesnae see yeh gan.'
'Yse Holy Muther.'

Fram a lytel scrín she toc a hýdesacc
an' slid it o'er tabele towærd me.

i léafd the hýdesacc meresmylte betwixt us.

'Ferian þese scrifts. Ceop 'em hale.'
She sæd.
Hir sóþlic scrifts geholen insyde.

'I wyll pray God treds wið yeh -
Matheus beo yeh helm,
Marcus yeh byrne, Lucos yeh sword
Scearp an' scirecg, Ionannes yeh scield.'

'Yse Holy Muther.'

She stod. i cneold.
a hand she sette on mi sceafan hefod.

She sæd,
'Gangan thruh dæls, gangan thruh wudu
Gangan thruh denu, lang an' wyld
Fæyer briht Mary, upheold yeh
Scéaphierde Hælend scield yeh fra' hearm…
That wyll be ealle Broðer Oswin.'

VIII

*"The engulfing waters threatened me,
the deep surrounded me;
seaweed was wrapped around my head."*

Jonah 2:5

*'Alas, O ignorant one:
at the day of death this will be proved
A dream was what we saw,
what we heard a tale.'*

Khwaja Mir Dard

So this niht, i wæcch twinn moons' ymbfæreld
this woruld – the eye abuf an' the eye belowe,
an' wundor if ænig oðer eyes hæfd spyd mi féðegang.
Wið wor flocc setelled in Streoneslalh
Hild's gōd standan an' sweg sceolde be stranger,
she wyll set a wealdan wið Lord Alhfrith
hwylc Beorheard wyll findan hard te wrangle wið.
i foreseon she wyll hæf the Flæscmonger tamed.
Wið hope in Eorl o' Life, Ælfleda's hælþ wyll wirp.

Æfter endung mi smocced fisc an' cyse æfengiefl
i drinc sum wine i brort, swaþ the wullen stole
tiht aboot mi bodig for þær beo ciele nihtwind.
Tyrning éasteweard, westanweard, norðanweard,
súðeweard, i spræc the Paternoser, cyssan
mi wudun rood, þen strecc oot mi sar scanks
te settel mesen ofdúne on hard bords fore slæp.

Mi dríemes this niht beo nistledens te idel
græ seolhs wið the hefods o' wer an' wif
lifan in gold healls undra hwit wafes;
o' magpies gadrung bones o' feor deað
te cræft thorndens in treotops besingen
canticles gelic an angelic choir;
as nihtfisc pricc thor hefods fram brim-scinn
te yuhel gelic wulfs, beorc gelic irresum dogs
te wilcum the wundrous watter-feend wið
hir lang loccs an' liðe bodig, ealle scrifen
wið wymls an' streams o' blaw woad,
hwo cyums creopan fram the settel
o'er te farre hyð, twistian, wearfian,
earms wrythan gelic eels, an' onwind
cyums hir swete galdor, swinsong feallan
gelic sciets o' hail, lyftan gelic morgenmist
as she slipps smoð inti the tar-blæc stréam,
hwit flæsc-ham slidan thruh the watter,
specan mi name as she cyums;
an' mi lust risen, mi heorte cwician
entil she neahs the norðern hyð
an' i locian hir eyes: two smolian bælfýrs,
an' i locian hir hands: fingors gelic fisctægls,
an' i locian hir grinn that beo fyl o' cnives
an' i awæcnan te a scæam-blostm fram mi gob.

Styrred bie the deorc dríeme-fryhts
I latch the flytteran bridd o' mi æsme.

Bryht daispring leohtens the úplyft,
léoma gleam o'er the slaw stréam
glentan the starrie deaw læft dústan the weods
bie niht-besom's swapan. Smocce lyftan
fram the þæcc hams o' Mydilsburh, stenc
of coccian mete macian mi hungor rumbel.

Wæ bearns hlæhh an' scric,
drifon a chiccen wið a sticc
an' a handfyl of gæt bleat
wiðin a penn hwile wer an' wif
gan aboot thor cierrs; an' nae segn
owhær o' the grimm watter-ghost.

i gif a word of þancs te wor Father abuf
for the gift o' this bryht fersc morgen.

i hring the bell an' the bearns leafe the chiccen
te ræs ofer te the balc, gloren at me, þænne
æn ladd hopps æf, yellen inti the huttas.

Scortlic, an eldra cyums lympian towærds the hyð
wið the ladd hwo biecans at me, blethoran on
'þouh i cannae mác oot ænig o' his words.
i wæcch as the eldra climbers inti his lytel boat,
untys the rope an' stiers the wæ sciff aweg
fram the Suðerne balc o'er the glisnian watters.

i feol the sceap o' the presen scrifts in mi sacc,
hwylc i nied stealce ofer þose deorc duns,
wende beside becs an' bræs thruh wudulonds,
weafe thruh dæls an' dells te sett inti the hand
o' the Æthling Alhfrith, so that we mæg cræft
anoðer strangheold for God's graft an' stamp oot
yfels o' ydolweorðscip an' eorðbund synne.
Wið God's sped an' nae mis-happon bie middai
i sceolde ræch the wic o' Gighesburh.

As the trogscip neahs i wundor if the folc
o' Mydilsburh hæfd beon niwelic tanned te fylgaþ
the Christ wið oppen heortes, if thie cépest lenctenfæsten
oþþe weðer thie, gelic sum, hæfd wilcumian
His Word for the sacu o' wor Cyning's will,
þough stil bígenge déofolgielda an' weorðscip dæmons,
feends an' hydden eldradeað o' eorð, watter, wudu, fyr.

The holhowed-oot scip cnocs gainst the hyð's
timberweorc, the eldra becnans te me, so i
climber in an' hand him a dinor, hwylc he
bites wið gnarlic teð an' dropps inti his purs.

Cloods hwielfan the sunne an' a ciele wind cyums,
as we stier oot o'er the watters i locian the bearns
standan wahten, an' remynd mi awn wæ'uns
an' mi swete wif Æmma wið the Eorl in Heofon.

Mi eye latches sum þing creoping in't hréodbedds
an' fram the lang blæds wades the grim watter-ghost,
nacod but for the wylms an' hringstreáms o' blaw woad.
i scræm in heorte-fær an' beacn at the hell-þing
but naene gomes hir slad deoper inti the flod
beginnan te swimm towærd the sciff, singan
hir swete, woe-song an' speaccan mi name,
'Oswin, Oswin', she ghels oot thruh hir smearc o' cnifes,
an' i bisece the boatman te stier us clear, gan bæc
te the norð hyð, but he locs at me as if i be brainseoce
an' taledest me te settel oþþe ells i wyll sinc
the dug-oot an' druncas boþ; but the brimstréam-ghost
cyuman neaher, neaher, ræchen oot hir earms,
an' i hwearf an' wrangle an' scryck for help.

i heorcn ealle the bearns hlæhh at mi fryhto,
the sciffmann yellan for me te græp stilness,
leah lah, howld fæst, te stopp mi blitheran.

i heorcn the watter-ghost's charme fyllan mi mynd
wið ciellian deaðmists an' dríemethræds;
o' clans o' seols that sobb wið tears o' men

a gigant's burh cræfted fram fyr an' smocce
a brycg o' thræd-locced blaw swords.
i heorcn the scræms o' mi slahtred kith an' kin.

Mildberge's scrycke for mildness, hir eyes
stucc fæst on mi fisog thruh snaw slorries,
Beorheard's beorcan, the granung of the wer

i sloh in Rheged, Wunstan's bitan wimmeran,
the beac-tappan caws of Sweyn's pet cráwe
wiðin æfreniht's elfsong fram Fairie Cove;

i see Cyning Oswui's blaw picted wealh gyreles,
fettered Celts, lollen on pelts in his búrgeteld.
i see blód soacced thresc in a grimm farmstæd.

i heorcn the stréam splacsh as i feoll fram the boat.
Thrascan, i sinc inti the cæld.
Lugs.
Neb.
Gullet.

Brimflodden.

The cæld earms o' mi dræd cwén wend aboot me,
i wrangle for wind hwær þær beo nae lyftwynn,
strugill for leoht hwær þær beo náht but Glōm,
stregan te stand hwær þær beo nae hope, nae land
wiðin toe ræch nae hand clasp – an' i ceall oot
inti watter te Our Father, te mi faather,
te mi muther, te Æmma, te Habondia,
i heorcn a drum þrum wiðin the watter's tug.

Ofer scinn, alang seonu, thruh blód
cyum wafes o' hengests' hofas hamoran sod
brecan o'er a hildwall o' scield an' spere;
as the wæt-ghost hwispers hir name inti mi æher
'i beo Peg,' she sæys, 'Locian on me, mi Son –
i tacan yeh, Oswin, for mi fersc beddfeola.'

Mi Holy Muther's scrifts gan driftan inti eddies
as mi awn fool's spellung beo scrifen on watter.

Epilogue: Transported

Reaching the top you grip upon a metal rail
Knees atremble on the Shimmering Way
Eyes fixed, resist the glance down at the drop,
The cross hatch shadow over slate grey water.

This bridge is a moment spanning a century
Suspending cloud from each blue girder
And a yellow gondola strung on steel sinews
Running the stream of traffic from bank to bank.

Ride the spine of the diplodocus skeleton
Frozen mid-munch on the weeds and sludge
Of muddy flats, silvered by sunshine at low tide;
On one side the marshes, wetlands to Seal Sands,

The tangle of chemical plants, then on to Seaton.
On the other the urban sprawl of terraced houses
Town centre, church spires, looming tower blocks
And the distant, hooked peak of Odinsberg –

So maybe today this bridge has become Bifrost
Connecting us to the mead hall of a one eyed
Pagan god, a raven perched on each shoulder,
Watching a longboat glide up the steel river

To plunder the hamlets of Norton and Sockburn
To nail a Saxon skin to the door of their kirk,
Hack off a Christian head or two for goblets,
And you, as ripe for picking as a Bramble

In mid-September; who once pricked a finger,
Who stubbed a bare toe and swore, who fell
Off a wall or out of a tree, who let a secret slip,
Who tossed a smooth pebble into the sea,

Who declared, 'I'll love you forever!' and meant it,
Who remembers the childish fear of the dark,
Who was once lost in a supermarket, who once
Spat 'Who the hell cares?' and refused to try,

Who over-did it at a party, threw up on the carpet,
Who once refused to admit 'I'm sorry' and then
Cried yourself to sleep; now stand wondering
If all this feeling is real, or just the blue-print

Of a human experience before construction;
Holding tight to the cold railing as you tread
This sky path to the half-way point where
Young men hurl their bodies into empty space

On threads that catch their belly roars, that churn
Your guts, and bring to mind the suicides
Who've faced the drop without a hope
Of bouncing back, and workmen who'd haul

Heavy bikes up the steep flights of steps
On bitter mornings to save a precious penny,
While industry's flames set the sky ablaze,
Rumbling like a war machine through dreams

Of local lads and lasses. Today the sleepless
River takes your thoughts away, past the mothballed
Blast furnace and out to sea, with the white flash
Of a gull's wings as it banks in an effortless arc

Beneath your uncertain feet, as if it is the Herald
And you the Witness to this expanding moment –
Caught mid-point upon the Rainbow Bridge,
Listening with pricked ears to the tell-tale creak

Of tectonics; of terrains – of histories, scraping
Against one another, and holding your breath,
Like you did climbing the stairs, late at night,
Hours after the time you'd promised to be home.

Notes on pronunciation

The text of *Leásungspell* is not strictly Old English but a heteroglossic hybrid of Old English, Modern English and Northumbrian, Yorkshire and Cleveland Dialects. It does however use extensive Old English vocabulary including some vowels and consonants which we don't find in Modern English.

Vowels

a as in Modern English *father*

æ as in Modern English *cat*

e as in Modern English *bet*; when following *ċ*, *ġ*, or *sc*, [e] is silent

ea a diphthong, starting with [æ] and ending with [a]

eo a diphthong, starting with [e] and ending with [o]

I as in Modern English *feet*

ie as in Modern English *sit*

o as in Modern English *boat*

u as in Modern English *fool*

y like [i] but with pursed lips as in German *über* or *Füße*, or as in French *ruse* or *dur*

Consonants

cg like the *dge* in Modern English *edge*

h in combination with l, r, n, as in *hlæder*, *hræw*, or *hnigan*, pronounced as a slight breathing before the second consonant sound

þ and *ð* pronounced like Modern English *th* in the word *that*. These two letters are alternate writings of the same consonant sound.

sc should be pronounced like Modern English *sh*

Perhaps the best way to experience Leásungspell is to read the text while listening to the audio reading with its accompanying soundtrack. The audio works have been produced with the support of a Grants for the Arts award from Arts Council England and are available for download at www.leasungspell.com.

Glossary

Æfengiefl – supper

Æfynas – evenings

Æmynd – jealousy

Arwan – arrow

Æðm – exhaled breath

Æthling – the word used during the earliest years of the Anglo-Saxon rule in England to denote any person of noble birth

Atorcræft – the art of poisoning

Bebbanburgh – Anglo-Saxon name for King Oswui's stronghold in Northumbria, modern name Bamburgh

Bernicia – Northern realm of ancient Northumbria stretching from the Tees to the Forth

Beswunce – to til, work, exert oneself

Biscop Baducing – also known as Benedict Biscop (c628 – 690), was an Anglo-Saxon abbot and founder of Monkwearmouth-Jarrow Priory. Benedict made five pilgrimages to Rome

Bismergléow – shameful lust

Bliþe – hind, cheerful, pleasant

Blotmonað – November (Slaughter Month)

Brachwíl – a moment

Brimwylm – the ocean

Broðorscipe – Brotherhood

Búrgeteld – a pavilion or tent

Cattreath – possibly Catterick, the site of a battle between the Brythonic Celts of the North and the Anglo-Saxons, recorded by the poet Anierin.

Céace – cheek

Céol – keel

Ceorls – Anglo Saxon peasants

Cnéatung – a debate, dispute

Cwen – Queen

Cwylming – suffering

Cyndelic – kindly

Cynedom- kingdom

Cyning –King

Deaðscóha – deathshoes

Déman – judgements

Derenrice (or Deira) – the Southern realm of ancient Northumbria stretching from the Tees down to the Humber

Derne – secret

Dunum Sinus – the Roman name for Teesside

Drieme – joy, pleasure, delight. The shift in the meaning to the modern English 'dream' dates from the thirteenth-century(the Old English term for 'dream' was 'swefn'); I have sacrificed authenticity here for wider accessibility

Dweorg – dwarf

Efenhléoðor – voices united in harmony

Eftwyrd – the future

Elephant Rock – a rock formation formally situated off the Hartlepool Headland, worn by sea and weather, which resembled an elephant. I have linked this to the legend of St Hild's victory over the snakes, which she reputedly cast from the coastline

Eoforwic – the Anglo-Saxon name for York

Erming – suffering, miserable

Fairy Cove – a series of cells or circular excavations in the sea wall on the Hartlepool Headland which, according to local legend, was the haunt of a mermaid and which, in certain winds, has acoustic qualities

Feower – four

Fierdwic – camp

Frécendlic – dangerous or perilous

Fricu – use for enjoyment

Frið – peace, calm

Friþgeard – an enclosed space, asylum, sanctuary, court of peace

Fylgede / Fylgaþ – to follow

Fyrd – a militia mobilized to defend a shire or embark upon a royal expedition, in which all freemen had to serve

Gegælen – enchanted, spellbound

Gielpspell – words of glory, boasting, pride, arrogance

Glengede – decorated, adorned

Gleowian – a joke or jest, act of merry buffoonery

Glōm – Old English word for 'gloom', which I have used to indicate an extreme emotional / psychological state of mind such a deep grief, traumatic shock, depression or mental suffering

Gól – to sing charms or incantations

Gretan – to touch, take hold, greet, approach, come into contact with

Hæftlins – captives, prisoners

Habondia – an ancient pagan goddess of fertility descended from Germanic Earth Goddess cults

Haligmonað – Anglo-Saxon month of September

Hant – Northumbrian for habit

Haronblast – a crossbow

Hefod – head

Hen Ogledd – the Old North, which emerged from the turmoil of the Roman withdrawal in the early fifth-Century. Some modern scholars suggest that it included what is now Cumbria and possibly extended into Lancashire and Scotland

Heortness – the Headland of Hartlepool

Herebeorg – harbour

Herutea – the name of the Anglo-Saxon Monastery on the Hartlepool Headland

Hlæhh – laugh

Hlafimæse – Lammas

Hléor – face

Hlíepen – leaping, dancing

Hlutor – pure

Holt – forest

Hreddan – to save, rescue or set free

Hreðmonað – Anglo-Saxon month of March

Hreow – regret

Hrímigheard – frozen hard

Huntnold - game caught by hunting

Húscarl – a noble's bodyguard, house guard

Hyð – a landing place, especially on a river

Indryhten – courtly, polite, noble, formality

Leásungspell – a tale, fool's story, fable or fiction

Lenctenfæsten – Lent

Leogere – a liar, false witness

Letch – Northumbrian for marsh

Mædwe – meadow

Meresmylte – quiet as a calm sea

Módrige - maternal auntie

Mōdraniht – the Night of the Mothers, an event held at what is now Christmas Eve by the Anglo-Saxon pagans

Morgenlætung – morning glory

Mynster – a monastery

Næddran – an adder

Nieđđearf – need, necessity, compulsion

Nigon – nine

Oblate - from the Latin *oblatus*, someone who has been offered. The term has had various uses at different periods in the history of the Christian church; I have used it to indicate children vowed and given by their parents to the monastic life

Ortgeard – an orchard

Oswald Lamnguin – King Oswald 'Lamnguin' or 'Whiteblade', Owsui's older brother, killed by Penda of Mercia in 642

Þæc - thatch

Peg Powler – the mythical witch spirit of the River Tees

Regenbogen – rainbows

Rheged – described in early poetic sources as one of the Brythonic speaking kingdoms of the fifth-century who resisted the Anglo-Saxon invasion, roughly encompassing Cumbria

Rúncofan – chambers of secrets, the mind

Scuccum an' Scinnum – phantoms, spectres, monsters and demons

Scrifen – to write, draw, paint

Seldcúþ – Old English for rare, strange, wonderful

Sigoriend – victor

Smioer – fair, fine, beautiful, elegant

Smyltnes – serenity, calm, peace

Soemil and Sigegar – legendary Ango-Saxon heroes

Spellung – conversation, discussion, narration

Streoneshalh – the Abbey established by St Hild at what is now known as Whitby in approximately 657; the Synod of Whitby was held there in 664

Stow – place

Styrung – disturbance, agitation, commotion

Swestedness – desolation

Sweostor– sister

Swinsung – harmony or melody

Synræsas – temptations

Thegn - servant, attendant, retainer, one who serves;commonly used to describe either an aristocratic retainer of a king or nobleman in Anglo-Saxon England

Thole – suffer

Tornwraou – grievous revenge

Þunor – Old English name for the pagan god of storms, as in the Norse 'Thor'

Þurhbrúcan – to enjoy thoroughly

Tæcende – teaching

Uhtsang – Old English for 'Morning song'

Unformolsnod – uncorrupted, undecayed

Wældréor – blood bath, blood of battle

Wealh - Old English 'Briton'; also began to be used in the sense of serf or slave c850

Wealdan – ruling, to have control over

Wer – adult male

Wif – adult female

Wirp – recovery, change for the better

Wotansburh – the hill now known as Roseberry Topping, known to the Vikings as Odinsburgh

Waroþ – shores, sands, beach

Wræcmæcg – an exile, outcast, miserable man

Wyrghsum – worrisome

Wyrmcynn –serpent kind

Yeavering – the site of the royal palace of the Northumbrian Kings, a place of tribal assembly and ritual located on the River Glen at the northern edge of the Cheviot Hills

Key Sources

John Porter, *Anglo Saxon Riddles*

Bill Giffiths, *Aspects of Anglo Saxon Magic*

Martin Puhvel, *Beowulf: A Verse Translation and Introduction*

Seamus Heaney, *Beowulf: A New Verse Translation*

M.C.G. Lewis, *Dreaming of Dwarves: Nightmares and Shamanism in Anglo-Saxon Poetics and the WIÐ DWEORH Charm*

John T Koch, *Celtic Culture: a Historical Encyclopedia*

Melvin Bragg, *Credo*

Sir Cuthbert Sharp, *History of Hartlepool*

Ewan Clayton, *Embracing Change: Spirituality and The Lindisfarne Gospel*

Meirion Pennar, *Taliesin Poems: New Translations*

Katrin Rupp, *The Anxiety of Writing: A Reading of the Old English Journey Charm*

Felix Grendon, *The Anglo-Saxon Charms*

The Anglo Saxon Chronicle

The Battle of Maldon

V.M. Whitworth, *The Bone Thief*

The Charm of Nine Healing Herbs

The Dream of the Rood

Bede, *The Ecclesiastic History of the English People*

Max Adams, *The King in the North*

Morton W. Bloomfield and Charles W. Dunn, *The Role of the Poet in Early Societies*

The Seafarer

The Wanderer

Brian Bates, *The Way of the Wyrd*

Stephen Pollinger, *Wordcraft: Wordhoard & Wordlists: Concise New English to Old English Dictionary and Thesaurus*

Y Gododdin, Aneirin, translated by Steve Short

www.oldenglishtranslator.co.uk

Acknowledgements

'Hallowed Ground' was first published in *The Eye of Temenos: Reflections on Sacred Space* (Ek Zuban, 2011), 'Transported 'was first published in Andy Croft (ed) *Everything Flows: A Celebration of the Transporter Bridge in Poetry* (Middlesbrough Borough Council, 2012). Some sections of *Leásungspell* were first published in *The Black Light Engine Room* .

I would like to thank Bede's World for permission to use their reconstructed cast of an Anglo Saxon skeleton for the cover image.

Special thanks to Andy Willoughby and Pippa Little for advice and encouragement, to Sara Dennis, Peter Lagan, Kev Howard and SJ Forth for composing the musical accompaniment for the live performances and online soundtrack of Leasungspell, and for Arts Council England for supporting the development of the work for audio and performance; Ian Enters for arranging the opportunity to read this work at The British Museum and to Lou Beagrie for endless patience with me and my obsessions.

Long overdue thanks also go to P.A. Morbid, Trev Teasdel, Dougy Pincott, Maureen Almond, Gordon Hodgeon, Leslie Simpson, Bill Martin, Chris Thurgar-Dawson and Andy Croft.